Fensterbilder für Kinder

Frühling,
Ostern,
Muttertag

Armin Täubner

Frech-Verlag Stuttgart

Für eine gewerbliche Nutzung der gezeigten Modelle ist die Genehmigung des Verlags erforderlich.

Osterlämmchen
Abbildung auf Seite 1.

1. Klebe auf die hellgrüne Grasfläche (gestrichelte Linie) das dunkelgrüne Laub der beiden Büsche (durchgezogene Linie). Anschließend werden die beiden braunen Stämme befestigt (punktierte Linien).
2. Male mit schwarzem Filzstift das Gesicht (punktierte Linie) auf das herzförmige weiße Kartonstück und klebe es auf den Kopf des Lämmchens.
3. Die Hufe werden schwarz angemalt und das Halsband aufgezeichnet. In die Mitte des Halsbandes klebst Du das rote Glöckchen.
4. Klebe das Lämmchen zusammen mit den bunten Eiern auf den grünen Hintergrund.

Materialangaben und Arbeitshinweise in diesem Buch wurden vom Autor und den Mitarbeitern des Verlags sorgfältig geprüft. Eine Garantie wird jedoch nicht übernommen. Autor und Verlag können für eventuell auftretende Fehler oder Schäden nicht haftbar gemacht werden. Für eine Verbreitung des Werkes durch Film, Funk, Fernsehen oder Videoaufzeichnungen ist eine Genehmigung oder Lizenz des Verlags erforderlich. Das Werk ist urheberrechtlich geschützt nach § 54 Abs. 1 und 2 UrhG.

Auflage:	5.	4.	3.	2.	1.	Letzte Zahlen
Jahr:	1995	94	93	92	91	maßgebend

ISBN 3-7724-1398-6 · Best.-Nr. 1398

© 1991

frech-verlag
GmbH + Co. Druck KG Stuttgart
Druck: Frech, Stuttgart 31

Sicher habt Ihr in der Frühlingszeit, wenn sich die Natur täglich ein bißchen verändert, Lust, Euer Zimmer neu zu schmücken, auch mit neuen Fensterbildern.

Ich habe für Euch eine Auswahl an Oster- und Frühlingsmotiven zusammengestellt, die alle typischen Symbole beinhaltet: Küken, Osterhasen, Ostereier, Blumen, Lämmer, Hühner, Enten.

Einer der wichtigsten Osterboten ist der Osterhase. Für Kinder ebenso wie für Erwachsene. Er ist als Eierlieferant schon lange bekannt. Im Jahre 1682 wurde er zum ersten Mal schriftlich erwähnt, in einer medizinischen Abhandlung von Georg Frank:

„In Oberdeutschland, in unserer Pfalz, im Elsaß und an den benachbarten Orten, wie auch in Westfalen, nennt man diese Eier die Haseneier nach der Fabel, mit der man einfältigen Menschen und Kindern weismacht, der Osterhase lege derartige Eier und verstecke sie in den Gärten, im Grase, in Büschen und anderswo ..."

Auch wenn Ihr schon längst wißt, daß es den eierlegenden Osterhasen nicht gibt, habt Ihr bestimmt Spaß daran, z. B. einen Hasen mit Eierkorb zu basteln.

Viel Spaß dabei!
Euer Armin Täubner

Ob das Käuzchen träumt?

1. Auf die Eulenform klebst Du zuerst die beiden weißen Augenringe und den Schnabel. Den Schnabel kannst Du aber auch mit Filzstift aufmalen. Darunter wird anschließend der weiße Brustfleck geklebt.
2. Die beiden Innenflächen des braunen Rahmens schneidest Du mit der Nagelschere heraus.
3. Klebe das Käuzchen, Blätter und Blüten auf den braunen Rahmen.

Wer hat die Eier gelegt?

1. Schneide alle Teile außer der weißen Hühnerform (durchgezogene Linie) doppelt aus.
2. Auf den Hühnerkörper klebst Du auf Vorder- und Rückseite den Schnabel, den roten Kamm und den Kehlsack. Die Augen werden aufgemalt.
3. Klebe bunte Eier auf beiden Seiten des Huhnes fest. Anschließend werden die beiden Nesthälften (gestrichelte Linie) angeklebt.
4. Am Nest können zum Schluß noch drei rote Eier aufgehängt werden.

Ein schöner Osterkorb!

1. Schneide das Grasbüschel (gestrichelte Linie) doppelt aus und klebe es so auf die Vorder- und Rückseite des Korbes, daß beide Grasteile genau aufeinanderpassen.
2. Anschließend klebst Du die bunten Eier an.
3. Beim Küken werden die Augen und der Schnabel mit schwarzem und rotem Filzstift angemalt.

Frühlingsstrauß

1. Klebe auf den gelben Topf (gestrichelte Linie) zuerst das weiße Band und dann die Schleife.
2. Von hinten werden die Tulpenblätter (durchgezogene Linie) angeklebt.
3. Die Tulpenblüten bestehen immer aus zwei gleichen Teilen. Ein Blütenteil faltest Du in der Mitte (punktierte Linie) und klebst es dann an dieser Falzlinie auf das zweite Blütenteil.

Bin ich aus diesem Ei geschlüpft?

1. Klebe auf den gelben Entchenkörper Schnabel, Flügel und Fuß. Das schwarze Auge kannst Du entweder aufmalen oder ausschneiden und aufkleben.
2. Die dunkelgrünen Tulpenblätter werden auf die hellgrüne Rasenfläche geklebt.
3. Das lila Ei wird im Zickzack in zwei Teile geschnitten und je eine Hälfte vor und hinter das Entchen geklebt.
4. Die Tulpenblüten bestehen aus zwei gleichen Teilen. Ein Blütenteil wird in der Mitte gefaltet und an dieser Falzlinie auf das zweite Blütenteil geklebt.

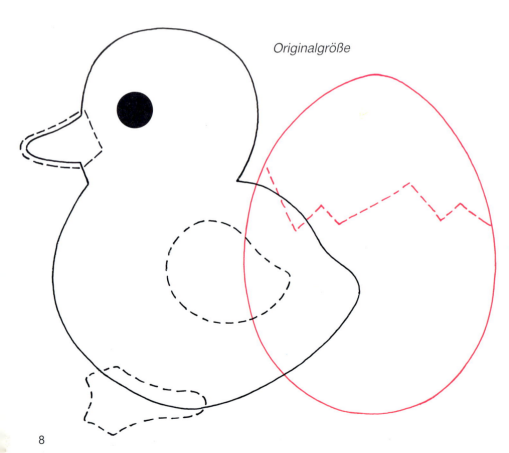

Originalgröße

Die Arbeit ist getan

1. Klebe die Tulpenblätter (gestrichelte Linie) auf das ovale Rasenstück (durchgezogene Linie).
2. Male mit einem schwarzen Filzstift das Auge und das Hasenschnäuzchen.
3. Nun wird das tropfenförmige Innenohr (gestrichelte Linie) und das Schwänzchen angeklebt.
4. Die bunten Ostereier werden von hinten an dem gelben Korb befestigt.
5. Klebe das Häschen und den Eierkorb auf den grünen Hintergrund.
6. Die Tulpenblüten bestehen aus zwei Teilen. Ein Blütenteil faltest Du in der Mitte und klebst es auf das zweite Blütenteil.

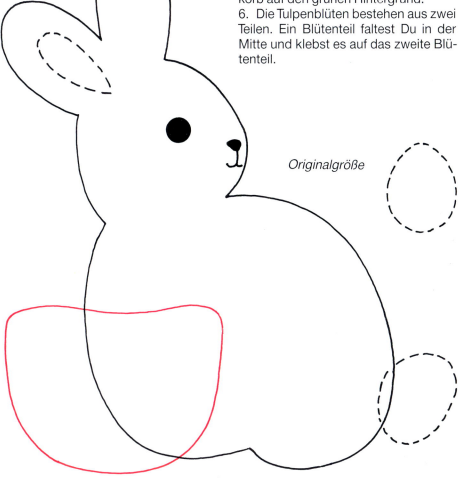

Originalgröße

Dieses Osterei ist für Dich

1. Zeichne mit Bleistift die beiden Hasengesichter vor und ziehe dann die Linien mit einem feinen schwarzen Filzstift nach.
2. Nun werden die Ohren und die Schleifen angeklebt.
3. Fülle nun den blauen Korb (punktierte Linie) mit bunten Ostereiern. Ein rotes Ei bleibt übrig. Es wird anschließend an die ausgestreckte Hasenpfote geklebt.
4. Zeichne mit dem Zirkel auf grünen Karton einen Kreis mit dem Radius 10,3 cm. Mit Radius ist der Abstand zwischen Zirkelspitze und Zirkelmine gemeint.
5. Das Hasenpaar wird samt dem Eierkorb auf die Kartonscheibe geklebt.

Ein schöner Frühlingsstrauß
Anleitung auf Seite 14.

Ein schöner Frühlingsstrauß

1. Den Rahmen zeichnest Du am besten mit einem Zirkel auf lila Karton. Der kleinere Kreis hat einen Radius von 7,1 cm, der größere Radius beträgt 9,5 cm.
2. Auf den runden Rahmen klebst Du zunächst die sternförmigen Blätter (gestrichelte Linie). Nun können die drei Blütenstengel (punktierte Linie) angeklebt werden.
3. Die Blütensterne werden auf die Enden der Stengel geklebt. Bei dem fotografierten Fensterbild sind immer zwei dieser Blütensterne leicht verschoben aufeinander geklebt worden. In die Blütenmitte klebst Du jeweils einen gelben Kartonpunkt.
4. Den Abschluß bilden die beiden mit Filzstift bemalten Schmetterlinge.

Eine Seefahrt, die ist lustig

1. Zuerst werden die Tiere ausgeschnitten, zusammengeklebt und Augen und Schnäuzchen mit einem schwarzen Filzstift aufgemalt.
2. Die drei Tiere werden von hinten an das gelbe Boot (gestrichelte Linie) geklebt. Beim Schwein mußt Du darauf achten, daß das rechte Vorderbein sichtbar bleibt.
3. Nun kann das Boot zu Wasser gelassen werden. Es wird so auf der Wasserfläche befestigt, daß sein oberster Rand genau mit dem Rand der Wasserfläche abschließt.
4. Im Wasser schwimmen einige Seerosenblätter und einer oder auch mehrere Fische, die das Schwein angeln will. Die Angelschnur zeichnest Du mit einem feinen schwarzen Filzstift auf.

Originalgröße

Hast Du diese Eier gelegt?

1. Schneide den Hasen aus und male Auge und Nase auf.
2. Die Schafbeine werden viermal, alle anderen Teile einmal benötigt. Am Schafkörper von der Rückseite den braunen Kopf und die Beine ankleben. Anschließend Auge und Nase aufmalen. Hinter dem Auge das Ohr ankleben.
3. Auf dem gelben Hintergrund zuerst die Rasenfläche, darauf Hase, Schaf, Eier und Schmetterlinge ankleben.

Auf dem See

1. Auf das Entchen klebst Du auf Vorder- und Rückseite jeweils ein rotes Schnabelteil. Die Augen kannst Du mit Filzstift aufmalen.
2. Die beiden Schilfbüschel werden auf der rechten und auf der linken Seite des blauen Rahmens geklebt. Nun kannst Du das Entchen befestigen.
3. Die beiden roten Fische bemalst Du mit Filzstift und hängst sie an der Unterseite des blauen Rahmens auf.

Schmetterlingsbesuch

1. Auf den roten Topf klebst Du zuerst das Pflanzengrün (gestrichelte Linie).
2. Beim Ausschneiden der Blüten werden sicher manche von Euch Schwierigkeiten haben.
Das ist kein Problem.

Nimm einfach die Blüten von einem anderen Fensterbild, oder aber Du entwirfst selbst eine Blütenform. Du kannst auch verschiedene Blütenfarben und Blütenformen mischen.

3. Bei den Schmetterlingen kannst Du ebenfalls verschiedene Formen und Farben verwenden.

Originalgröße

Ein Veilchenstrauß für Mutti

1. Klebe an die Veilchenblätter (durchgezogene Linie) von hinten die Veilchenstiele (gestrichelte Linie). Auf den Stielen kann nun die rosa Schleife befestigt werden.
2. Auf die blauen oder lila Veilchenblüten klebst Du jeweils einen gelben Kartonpunkt. Die Veilchenblüten werden anschließend auf dem grünen Strauß verteilt.
3. Die Grußkarte besteht aus einem Kartonrechteck, das in der Mitte gefaltet wird (gestrichelte Linie). Die linke Hälfte der Kartonvorderseite beklebst Du so mit Veilchenblüten und -blättern, daß noch genügend Platz für einige Grußworte oder einen Namen bleibt.

Osterlokomotive

1. An der roten Lokomotive (durchgezogene Linie) klebst Du zuerst die weiße Dampfwolke (gestrichelte Linie) am Schornstein und am Dach fest. Achte darauf, daß die Dampfwolke den hinteren Teil der Lokomotive berührt.
2. Nun werden das rote Dach und die weiße Seitenverkleidung aufgeklebt (punktierte Linien).
3. Das Küken und die beiden Eier werden von hinten an die Lokomotive geklebt.
4. Wenn die Räder befestigt sind, ist die Vorderseite des Fensterbildes fertig.
5. Auf der Rückseite klebst Du ebenfalls die Räder, das Dach und die weiße Seitenverkleidung an.

Was kostet die Welt?

1. Am Kükenkopf klebst Du zuerst den Schnabel an. Die Augen kannst Du entweder mit Filzstift aufmalen oder aus schwarzem Papier ausschneiden und aufkleben. Beim Ankleben der Flügel mußt Du aufpassen! Der rechte Flügel wird nämlich von vorne, der linke Flügel von hinten angeklebt.
2. Das Ei schneidest Du zuerst als Ganzes aus. Mit Zickzack-Schnitten schneidest Du es dann in der Mitte entzwei.
3. Jede Narzissenblüte besteht aus zwei Teilen, die aufeinandergeklebt werden. Nun können die drei Blüten an die Stengel geklebt werden.
4. Die beiden Eierschalen und das Küken werden anschließend angebracht.

Originalgröße

Zum Muttertag

1. Die Innenfläche des gewellten grünen Kranzes schneidest Du mit einer Nagelschere heraus.
2. Jede Blüte besteht aus zwei Teilen. Auf den Blütenstern klebst Du genau in die Mitte einen gelben Kartonpunkt.
3. Klebe die Blüten in gleichmäßigen Abständen auf den Kranz. Zwischen den Blüten werden jeweils zwei grüne Blätter befestigt.

Das blaue Entenei

1. Grasbüschel und Schnabel doppelt ausschneiden, die anderen Teile einmal.
2. Am Entenkörper werden auf Vorder- und Rückseite die Schnabelteile angeklebt. Die Augen mit Filzstift aufmalen und die Füße befestigen.
3. Das blaue Ei wird zwischen die beiden Grasbüschel geklebt.
4. Die roten Marienkäfer bemalst Du mit Filzstift.

Wie schmecken dir die Körner?

1. Schneide die beiden Vögel aus und klebe ihre Flügel an. Mit schwarzem Filzstift werden dann ihre Schnäbel angemalt. Die schwarzen Augen kannst Du ebenfalls aufmalen oder mit einem Locher aus schwarzem Papier ausstanzen.
2. Als nächstes sind die beiden Pilze an der Reihe. Die roten Hüte werden jeweils zweimal benötigt. Der weiße Pilzstiel wird also zwischen die beiden roten Hutteile geklebt, so daß der Pilz auf Vorder- und Rückseite gleich aussieht.
3. Auf dem Grasbüschel werden zuerst die beiden Pilze angeklebt. Anschließend klebst Du die beiden Vögel an. Ganz zum Schluß malst Du noch einige Körner ins Gras.

Wir sind gerade ausgeschlüpft

1. Schneide jedes Teil einmal aus.
2. Mit einem roten Filzstift malst Du bei beiden Küken die Füße und bei einem Küken den Schnabel an.
Das andere Küken, das Dich anblickt, wenn Du seine schwarzen Augen aufgemalt hast, erhält einen roten Schnabel aus Papier oder Karton. Nun werden noch die Flügel befestigt.

3. Abschließend werden beide Küken auf den blauen, eiförmigen Rahmen geklebt.

Großes „Hasenei"

1. Du beginnst am besten mit dem Aufmalen des Hasengesichts. Ist es Dir gelungen, klebst Du die beiden rosa Innenohren auf die weißen Hasenohren. Nun wird der Kopf auf den Hasenkörper geklebt.
2. Den Hasen setzt Du dann auf das grüne Rasenstück und klebst kleine Eier an.
3. Der Hase auf dem Rasenstück wird auf das hellblaue Ei geklebt.
4. Am blauen Ei werden Aufhängelöcher eingestochen und die größeren weißen und rosaroten Eier angehängt.

Ob das der Osterhase ist?

1. Der Hasenkorb (punktierte Linie) wird doppelt benötigt. Klebe ein Korbteil auf den Hasenrücken. Von hinten drei Eier am Korbrand ankleben. Den Hasen umdrehen und das zweite Korbteil ankleben.
2. Mit einem dicken schwarzen Filzstift den Trageriemen des Korbes und das Auge aufmalen.
3. Klebe nun den Hasen auf das Rasenstück.
4. Das Aufhängeloch wird in das obere Ohr eingestochen.

Ein wohlverdientes Schläfchen

1. Schneide aus hellblauem Karton eine Kreisscheibe mit einem Radius von 9,8 cm aus. Darauf klebst Du die hellgrüne Wiese.
2. Als nächstes wird die grüne Baumkrone und schließlich der Stamm befestigt. Nun kannst Du die weißen Blüten in der Baumkrone verteilen.
3. Beim schlafenden Hasen zeichnest Du mit einem feinen, schwarzen Filzstift Auge und Mund an. Der Hase wird nun, an den Baum gelehnt, angeklebt. Anschließend klebst Du das Vorderbein an.
4. Jetzt müssen noch der Eierkorb und die Wolke befestigt werden.

Die ersten Frühlingsboten

1. Tulpen und Narzissen: Die Zwiebeln und die Blüten werden jeweils doppelt, die Blätter samt Blütenstiel (gestrichelte Linien) immer nur einmal benötigt. Klebe auf diese grünen Teile die Blüten und Zwiebeln. Jetzt kannst Du die Narzissen und Tulpen umdrehen und Blüten und Zwiebeln auch auf der Rückseite ankleben.
2. Hummel: Schneide den Hummelkörper (punktierte Linie) aus gelbem Tonpapier oder Karton aus. Mit einem schwarzen oder braunen Filzstift malst Du die Augen und Querstreifen auf. Wenn Du den Hummelkörper etwas schlanker schneidest, wird aus der Hummel eine Biene. Die Flügel bestehen aus weißem Transparentpapier.

Abbildung auf Seite 32.

Originalgröße